配有知识点和案例　　便于学习和理解

法律援助法
学习宣传本

法和普法 / 编著

★双色大字本·普及本★

中国法制出版社
CHINA LEGAL PUBLISHING HOUSE

图书在版编目（CIP）数据

法律援助法学习宣传本／法和普法编著.—北京：中国法制出版社，2022.1
ISBN 978-7-5216-2404-5

Ⅰ.①法… Ⅱ.①法… Ⅲ.①法律援助-基本知识-中国 Ⅳ.①D926.04

中国版本图书馆 CIP 数据核字（2022）第 009774 号

| 策划编辑：杨 智 | 责任编辑：胡 艺 | 封面设计：杨泽江 |

法律援助法学习宣传本
FALÜ YUANZHUFA XUEXI XUANCHUANBEN

编著／法和普法
经销／新华书店
印刷／三河市国英印务有限公司
开本／850 毫米×1168 毫米　32 开　　　　　印张／1.25　字数／15 千
版次／2022 年 1 月第 1 版　　　　　　　　　2022 年 1 月第 1 次印刷

中国法制出版社出版
书号 ISBN 978-7-5216-2404-5　　　　　　　定价：10.00 元

北京市西城区西便门西里甲 16 号西便门办公区
邮政编码：100053　　　　　　　　　　　　传真：010-63141852
网址：http://www.zgfzs.com　　　　　　编辑部电话：010-63141817
市场营销部电话：010-63141612　　　　　　印务部电话：010-63141606

（如有印装质量问题，请与本社印务部联系。）

配有知识点和案例　　便于学习和理解

法律援助法
学习宣传本

法和普法 / 编著

★ 双色大字本·普及本 ★

知识点：我国法律援助制度的建立与完善
知识点：法律援助是国家责任
知识点：增强了法律援助的保障
知识点：拓宽提供法律援助的渠道、形式
知识点：加强对法律援助的监督
知识点：严格依法进行法律援助

中国法制出版社
CHINA LEGAL PUBLISHING HOUSE

出版说明

全民普法是全面依法治国的长期基础性工作。我国已开启全面建设社会主义现代化国家新征程，进入新发展阶段，迫切地需要提升公民的法治素养，让公民对法律法规有更高的知晓度，对法治精神有更高的认同度，对法治实践有更高的参与度。推进全民普法，有助于在全社会形成尊法学法守法用法的好风气，促进法治环境显著改善。

《中华人民共和国法律援助法》（以下简称《法律援助法》）已自 2022 年 1 月 1 日起施行。为了利于学习和宣传《法律援助法》，让大众更好地了解中国特色社会主义法律援助制度，推动全社会参与和支持法律援助工作，特推出此学习宣传本。

本书具有如下特点：

一是配上了知识点和案例，以便更好地普及法律。

二是采用了大字版式，以便读者更好地学习和使用。

三是条文增加了条旨，以便读者更好地阅读和理解。

四是采用了双色印制，给读者带来更好的阅读体验。

希望本书能很好地发挥作用，为大众学习和了解《法律援助法》及相关法律知识提供帮助，进一步推动新时代法治宣传教育工作的有效开展。

中华人民共和国法律援助法

第一章 总则 /1

第 一 条 【立法目的】/1
第 二 条 【概念】/1
第 三 条 【基本原则】/1
第 四 条 【法律援助体系建设】/3
第 五 条 【司法行政机关及有关部门职责】/3
第 六 条 【公检法机关的职责】/4
第 七 条 【律师协会的职责】/4
第 八 条 【群团组织、事业单位、社会组织的职责】/4
第 九 条 【社会力量捐赠】/4
第 十 条 【宣传与监督】/4
第十一条 【表彰与奖励】/5

第二章 机构和人员 /5

第十二条 【法律援助机构的设立和职能】/5

第十三条 【职业资格】/6

第十四条 【派驻值班律师】/7

第十五条 【政府采购】/7

第十六条 【法律援助的义务主体】/7

第十七条 【法律援助志愿者】/8

第十八条 【跨区域法律援助】/8

第十九条 【法律援助人员的职责】/9

第二十条 【法律援助人员的执业要求】/9

第二十一条 【保密义务】/9

第三章 形式和范围 / 9

第二十二条 【法律援助服务的形式】/9

第二十三条 【提供法律咨询服务的方式和相关告知义务】/11

第二十四条 【刑事案件申请法律援助的主体】/12

第二十五条 【法定刑事法律援助】/12

第二十六条 【重刑刑事法律援助】/13

第二十七条 【委托辩护权的保障】/14

第二十八条 【强制医疗法律援助】/14

第二十九条 【刑事公诉、自诉和附带民事诉讼案件的法律援助】/15

第 三十 条 【值班律师法律帮助】/15

第三十一条 【民事和行政法律援助的事项范围】/16

第三十二条 【不受经济困难条件限制的情形】/17

第三十三条 【申诉、再审案件法律援助】/18

第三十四条 【经济困难的标准】/18

第四章　程序和实施 / 18

第三十五条 【法律援助权利的及时告知义务】/18

第三十六条 【刑事案件法律援助的指派程序】/19

第三十七条 【值班律师的法律保障】/19

第三十八条 【法律援助的管辖】/19

第三十九条 【转交法律援助申请的程序】/19

第 四 十 条 【代为提出法律援助申请】/20

第四十一条 【经济困难状况的说明及核查】/20

第四十二条 【免予核查经济困难状况的人员】/20

第四十三条 【对法律援助申请的审查】/21

第四十四条 【先行提供法律援助的情形】/21

第四十五条 【对特定群体的便捷服务】/21

第四十六条 【法律援助人员提供援助及通报的义务】/23

第四十七条 【受援人的如实陈述及其配合义务】/23

第四十八条 【终止法律援助的情形】/24

第四十九条 【异议的提出、处理与救济】/24

第 五 十 条 【法律援助人员报告与提交材料】/25

第五章　保障和监督 / 25

第五十一条　【法律援助信息共享和工作协同】/ 25
第五十二条　【法律援助补贴】/ 25
第五十三条　【对受援人和法律援助人员减免费用】/ 25
第五十四条　【法律援助人员培训】/ 25
第五十五条　【受援人知情权、投诉权和请求变更权】/ 26
第五十六条　【法律援助工作投诉查处和结果告知】/ 26
第五十七条　【法律援助服务的监督、服务质量标准和质量考核】/ 26
第五十八条　【法律援助信息公开制度】/ 26
第五十九条　【法律援助服务质量监督措施】/ 26
第 六 十 条　【律师事务所、律师履行法律援助义务情况年度考核】/ 26

第六章　法律责任 / 27

第六十一条　【法律援助机构及其工作人员的法律责任】/ 27
第六十二条　【律师事务所、基层法律服务所的法律责任】/ 28
第六十三条　【律师、基层法律服务工作者的法律责任】/ 28
第六十四条　【受援人的法律责任】/ 29
第六十五条　【冒用法律援助名义并谋利的法律责任】/ 29
第六十六条　【国家机关及其工作人员渎职的处分】/ 29
第六十七条　【刑事责任】/ 29

第七章 附　　则 / 30

第六十八条 【群团组织开展法律援助的法律适用】/ 30

第六十九条 【对外国人和无国籍人法律援助的法律适用】/ 30

第 七 十 条 【对军人军属法律援助的具体办法】/ 30

第七十一条 【施行日期】/ 30

中华人民共和国法律援助法

（2021年8月20日第十三届全国人民代表大会常务委员会第三十次会议通过）

第一章 总　　则

第一条　【立法目的】为了规范和促进法律援助工作，保障公民和有关当事人的合法权益，保障法律正确实施，维护社会公平正义，制定本法。

第二条　【概念】本法所称法律援助，是国家建立的为经济困难公民和符合法定条件的其他当事人无偿提供法律咨询、代理、刑事辩护等法律服务的制度，是公共法律服务体系的组成部分。

第三条　【基本原则】法律援助工作坚持中国共产党领导，坚持以人民为中心，尊重和保障人权，遵循公开、公平、公正的原则，实行国家保障与社会参与相结合。

> **知识点：我国法律援助制度的建立与完善**
>
> 　　自1979年出台的《刑事诉讼法》规定指定辩护以来，我国法律援助制度在实践中不断探索、不断完善。1996年至1997年，司法部法律援助中心和中国法律援助基金会先后成立，标志着我国建立和实施法律援助制度迈出了实质性的第

一步。2003年7月21日,我国第一部关于法律援助的行政法规《法律援助条例》发布。

2013年,党的十八届三中全会通过了《中共中央关于全面深化改革若干重大问题的决定》,明确提出推进法治中国建设,提出健全国家司法救助制度,完善法律援助制度。2021年8月20日,第十三届全国人民代表大会常务委员会第三十次会议通过《中华人民共和国法律援助法》,自2022年1月1日起施行。法律援助法的颁布实施是贯彻落实习近平法治思想,推进全面依法治国的重要成果。它的出台,保障了公民和有关当事人的合法权益,维护了社会公平正义,对于提高社会治理能力水平,维护社会和谐稳定,具有重要意义。

案例1

鲁某某是聋哑人,2011年从四川到上海务工,经人介绍进入周某某(老板)、叶某(老板娘)共同经营的饮食店打工,无劳动合同,无社保,工资通过现金或微信方式发放,最初每月2000元,2013年起涨至6000元。2019年3月,因老板一直拖欠工资,为了生计,忍无可忍之下,鲁某某提出辞职。在离职时,老板依然不愿支付拖欠的工资。在鲁某某的坚持下,老板娘给了他一张欠条,明确:2016年至2019年,合计拖欠工资89660元,并承诺于2020年6月之前全部付清。老板娘叶某在欠条上签了字,还加盖了"上海市松江区某某饮食店"的公章。

眼看欠条到期了,但鲁某某始终未收到上述工资,尽管多次讨要，对方均未支付。2020年7月1日，鲁某某讨薪无着，万般无奈之下，抱着最后一丝希望，走进了松江区法律援助中心。经过审核，松江区法律援助中心认为鲁某某符合法律援助条件，当场受理了他的法律援助申请，并立即指派了经验丰富的两位律师为其提供法律援助。经过两位援助律师的努力，2020年11月9日，松江区人民法院出具了民事判决书，支持了原告鲁某某的全部诉讼请求。

评析

每一个劳动者都应得到尊重。鲁某某是聋哑人，但身残志坚，积极工作，努力生活。虽然老板一再拖欠工资给他带来了些许阴霾，但在法律援助中心的帮助下，讨回了拖欠工资。该案的结果离不开法律援助中心相关工作人员的共同努力，也充分体现了"司法为民"的理念。

第四条 【法律援助体系建设】 县级以上人民政府应当将法律援助工作纳入国民经济和社会发展规划、基本公共服务体系，保障法律援助事业与经济社会协调发展。

县级以上人民政府应当健全法律援助保障体系，将法律援助相关经费列入本级政府预算，建立动态调整机制，保障法律援助工作需要，促进法律援助均衡发展。

第五条 【司法行政机关及有关部门职责】 国务院司法行政部门指导、监督全国的法律援助工作。县级以上地方人民政府司法行政部门指导、监督本行政区域的法律援助工作。

县级以上人民政府其他有关部门依照各自职责，为法律援助工作提供支持和保障。

第六条 【公检法机关的职责】人民法院、人民检察院、公安机关应当在各自职责范围内保障当事人依法获得法律援助，为法律援助人员开展工作提供便利。

知识点：法律援助是国家责任

司法行政部门负责指导、监督法律援助工作（第五条），人民法院、人民检察院、公安机关和其他有关部门依照各自职责，依法做好法律援助支持和保障工作（第六条），县级以上人民政府也应承担起其应承担的责任。

第七条 【律师协会的职责】律师协会应当指导和支持律师事务所、律师参与法律援助工作。

第八条 【群团组织、事业单位、社会组织的职责】国家鼓励和支持群团组织、事业单位、社会组织在司法行政部门指导下，依法提供法律援助。

第九条 【社会力量捐赠】国家鼓励和支持企业事业单位、社会组织和个人等社会力量，依法通过捐赠等方式为法律援助事业提供支持；对符合条件的，给予税收优惠。

第十条 【宣传与监督】司法行政部门应当开展经常性的法律

援助宣传教育，普及法律援助知识。

新闻媒体应当积极开展法律援助公益宣传，并加强舆论监督。

第十一条 【表彰与奖励】国家对在法律援助工作中做出突出贡献的组织和个人，按照有关规定给予表彰、奖励。

第二章 机构和人员

第十二条 【法律援助机构的设立和职能】县级以上人民政府司法行政部门应当设立法律援助机构。法律援助机构负责组织实施法律援助工作，受理、审查法律援助申请，指派律师、基层法律服务工作者、法律援助志愿者等法律援助人员提供法律援助，支付法律援助补贴。

> **知识点：增强了法律援助的保障**
>
> 法律援助法要求县级以上人民政府应当将法律援助工作纳入国民经济和社会发展规划、基本公共服务体系，保障法律援助事业与经济社会协调发展；要求县级以上人民政府将法律援助相关经费纳入本级政府预算，并建立动态调整机制（第四条）；还要求县级以上人民政府司法行政部门设立法律援助机构，负责组织实施法律援助工作（第十二条）。国家鼓励和支持社会力量依法通过捐赠等方式为法律援助事业提供支持，对符合条件的给予税收优惠（第九条）。国家对在法律援助工作中做出突出贡献的组织和个人，给予表彰、奖励（第

十一条）。法律援助机构依照有关规定向法律援助人员支付法律援助补贴，法律援助补贴免征增值税和个人所得税（第五十二条）。

第十三条 【职业资格】法律援助机构根据工作需要，可以安排本机构具有律师资格或者法律职业资格的工作人员提供法律援助；可以设置法律援助工作站或者联络点，就近受理法律援助申请。

案例2

杨某是新冠肺炎疫情期间的一名社区防疫志愿者。2020年6月24日，杨某在防疫卡口执行扫码测温工作，外来机动车司机高某拒不执行防疫措施，与杨某发生争执后，突然启动车辆强闯卡口，将杨某带倒，造成其轻度脑震荡及身体多处软组织挫伤，住院治疗20余天，自行垫付医药费7000余元。协商未果的情况下，杨某通过新民社区法律援助工作站向铁锋区法律援助中心寻求帮助。

铁锋区法律援助中心工作人员接待了杨某。根据当地"对疫情防控一线的志愿者开辟绿色通道，免予审查经济困难状况"的政策，法律援助中心当即决定为杨某提供法律援助，帮助杨某维护合法权益。

法律援助律师及时会见杨某，搜集资料和证据，帮助杨某在法院立案。因高某的行为不属于保险理赔范围，故高某百般推脱，拒不配合。后在法援律师的努力下，法院向高某送达了传票,选定了开庭日期。在庭审过程中,面对高某的狡辩,律师当庭出示了卡口的监控录像、现场的证人证言等相关证据,使得高某哑口无言,自愿赔偿损失。双方最终达成协议,杨某获得高某一次性赔偿1.5万余元。

评析

在重大公共安全卫生事件爆发,共渡难关的特殊时期,防疫志愿者是不应当被伤害的人。本案中,防疫志愿者的权利受到侵害时,法律援助中心和法援律师及时伸出援手,帮助其维护了合法权益,用法治和正义守护了志愿者的生命健康。这体现了社会主义核心价值观,也体现了中国人民团结共渡难关的决心。

第十四条 【派驻值班律师】法律援助机构可以在人民法院、人民检察院和看守所等场所派驻值班律师,依法为没有辩护人的犯罪嫌疑人、被告人提供法律援助。

第十五条 【政府采购】司法行政部门可以通过政府采购等方式,择优选择律师事务所等法律服务机构为受援人提供法律援助。

第十六条 【法律援助的义务主体】律师事务所、基层法律服务所、律师、基层法律服务工作者负有依法提供法律援助的义务。

律师事务所、基层法律服务所应当支持和保障本所律师、基层法律服务工作者履行法律援助义务。

第十七条 【法律援助志愿者】国家鼓励和规范法律援助志愿服务；支持符合条件的个人作为法律援助志愿者，依法提供法律援助。

高等院校、科研机构可以组织从事法学教育、研究工作的人员和法学专业学生作为法律援助志愿者，在司法行政部门指导下，为当事人提供法律咨询、代拟法律文书等法律援助。

法律援助志愿者具体管理办法由国务院有关部门规定。

知识点：拓宽提供法律援助的渠道、形式

法律援助法进一步拓宽了提供法律援助的渠道，动员更多力量参与。首先，司法行政部门设立的法律援助机构指派律师、基层法律服务工作者、法律援助志愿者（第十二条），或者安排本机构具有律师资格或者法律执业资格的工作人员提供法律援助（第十三条）；其次，工会、共青团、妇联、残联等群团组织参照适用本法开展法律援助工作（第六十八条）；再次，法律援助志愿者包括高等院校、科研机构可组织从事法学教育、研究工作的人员和法学专业学生，在司法行政部门指导下，提供法律咨询等法律援助（第十七条）。

第十八条 【跨区域法律援助】国家建立健全法律服务资源依法跨区域流动机制，鼓励和支持律师事务所、律师、法律援助志愿者等在法律服务资源相对短缺地区提供法律援助。

第十九条 【法律援助人员的职责】法律援助人员应当依法履行职责，及时为受援人提供符合标准的法律援助服务，维护受援人的合法权益。

第二十条 【法律援助人员的执业要求】法律援助人员应当恪守职业道德和执业纪律，不得向受援人收取任何财物。

第二十一条 【保密义务】法律援助机构、法律援助人员对提供法律援助过程中知悉的国家秘密、商业秘密和个人隐私应当予以保密。

第三章　形式和范围

第二十二条 【法律援助服务的形式】法律援助机构可以组织法律援助人员依法提供下列形式的法律援助服务：

（一）法律咨询；

（二）代拟法律文书；

（三）刑事辩护与代理；

（四）民事案件、行政案件、国家赔偿案件的诉讼代理及非诉讼代理；

（五）值班律师法律帮助；

（六）劳动争议调解与仲裁代理；

（七）法律、法规、规章规定的其他形式。

案例3

赵某于2020年1月进入北京某食品有限公司担任保安,双方未签订劳动合同。2020年12月,赵某在公司门口执行安保任务时,与该单位员工发生肢体冲突并受伤。事件发生后,赵某多次和公司交涉,要求公司支付被打伤的医药费用并认定工伤,但公司方面不承认与其存在劳动关系。赵某来到北京市房山区法律援助中心,想就劳动争议提起仲裁,并申请法律援助。房山区法律援助中心审核了赵某提交的材料,其家庭经济困难,请求事项也属于法律援助范围,符合法律援助条件。房山区法律援助中心遂作出给予赵某法律援助的决定,并指派一名法律援助律师承办该案。在法律援助律师的努力下,经劳动争议仲裁委员会协调,公司负责人同意就该仲裁案件进行调解。法律援助律师为调解提供了有效的证据,最终由劳动争议仲裁委员会出具调解书,确认了赵某与公司的劳动关系,该公司支付了医药费用。

评析

赵某未与公司签订劳动合同、工资系无银行流水、单位未缴纳社保,导致确认双方存在劳动关系的难度相当大。一方面是劳动者法律知识的缺乏,另一方面则是用人单位用工的不规范、不诚信。法律援助承办律师严格遵守执业要求,为调解提供了有效的证据,最终帮助受援人维护了自身合法权益。

知识点：法律援助形式更加多样

法律援助人员可以根据实际情况，采取多种形式为当事人提供法律援助，包括：法律咨询；代拟法律文书；刑事辩护与代理；民事案件、行政案件、国家赔偿案件的诉讼代理及非诉讼代理；值班律师法律帮助；劳动争议调解与仲裁代理；法律、法规、规章规定的其他形式（第二十二条）。

第二十三条【提供法律咨询服务的方式和相关告知义务】法律援助机构应当通过服务窗口、电话、网络等多种方式提供法律咨询服务；提示当事人享有依法申请法律援助的权利，并告知申请法律援助的条件和程序。

案例 4

2017 年 3 月 10 日，山西省晋城市法律援助中心收到进城务工人员吕某的法律援助申请。据了解，吕某在 2017 年 1 月 9 日到某公司装修工程项目从事墙体抹灰工作，干活时从二楼楼梯口摔下受伤。公司称该墙体抹灰工作已承包给了袁某，以逃避法律责任。由于双方未签订书面劳动合同，吕某申请工伤认定困难。2017 年 3 月 23 日，法律援助律师帮助吕某向晋城市劳动人事争议仲裁院申请确认劳动关系，被驳回。吕某不服，向晋城市城区人民法院起诉，一审法院判决确认吕某和某公司存在劳动关系。后又因某公司提起上诉，一审判决被撤销。吕某的索赔之路可谓不易。

幸运的是，山西省人民政府于 2017 年 4 月 26 日颁布了《山西省实施〈工伤保险条例〉办法》，根据新规定，某公司将业务非法转包给不具备用工主体资格的袁某，吕某作为袁某招用的劳动者从事承包业务时因工受伤，某公司应当承担工伤保险责任。在法律援助律师的指导下，吕某再次提出工伤认定申请。2017 年 12 月 29 日，晋城市人力资源和社会保障局认定吕某为工伤。拿到《认定工伤决定书》后，法律援助律师又帮助吕某向晋城市劳动人事争议仲裁院申请仲裁。2019 年 4 月 4 日，双方达成调解协议：终止某公司与吕某的工伤保险关系；某公司支付吕某医疗费、住院伙食补助费、停工留薪期工资、一次性伤残补助金等共计 155000 元。不久，吕某拿到全款赔偿。

评析

本案属于劳动纠纷，主要涉及劳动关系的认定。法律援助律师在长达两年的维权过程中锲而不舍、耐心相助，紧跟地方政府规章的更新，最终帮助受援人获得工伤赔偿，有效维护了进城务工人员的合法权益和社会的公平正义。

第二十四条 【刑事案件申请法律援助的主体】刑事案件的犯罪嫌疑人、被告人因经济困难或者其他原因没有委托辩护人的，本人及其近亲属可以向法律援助机构申请法律援助。

第二十五条 【法定刑事法律援助】刑事案件的犯罪嫌疑人、

被告人属于下列人员之一，没有委托辩护人的，人民法院、人民检察院、公安机关应当通知法律援助机构指派律师担任辩护人：

（一）未成年人；

（二）视力、听力、言语残疾人；

（三）不能完全辨认自己行为的成年人；

（四）可能被判处无期徒刑、死刑的人；

（五）申请法律援助的死刑复核案件被告人；

（六）缺席审判案件的被告人；

（七）法律法规规定的其他人员。

其他适用普通程序审理的刑事案件，被告人没有委托辩护人的，人民法院可以通知法律援助机构指派律师担任辩护人。

第二十六条 【重刑刑事法律援助】对可能被判处无期徒刑、死刑的人，以及死刑复核案件的被告人，法律援助机构收到人民法院、人民检察院、公安机关通知后，应当指派具有三年以上相关执业经历的律师担任辩护人。

案例5

王某（74岁）和妻子符某感情不和多年，王某常年猜忌符某行为不端、记恨符某。2018年4月29日，在自建菜园内，王某情绪爆发，持斧子多次砍击符某头部，致其死亡。

案件审理中，法院立案受理当日依法组成合议庭，并向被告人王某送达了起诉书副本，向王某告知了在法院审理期间的诉讼权利，征求了其对回避、非法证据排除等程序性问题的意见，并进行了相关法律程序的释明。被告人王某表示均无异议，并表示不委托辩护人。法院依法通知法律援助机构指派律师为王某提供辩护。

法律援助律师辩护称，本案系婚姻问题导致矛盾激化引发的犯罪。法院经查，予以采纳。法院判定被告人王某犯故意杀人罪的事实清楚，证据确凿，指控罪名成立。对于辩护人所提王某自愿认罪，如实供述自己罪行，认罪态度好，系初犯、偶犯，请求法庭对王某从轻处罚的辩护意见，法院酌予采纳。但鉴于王某所犯罪行后果严重、社会危害性较大，最终判处王某无期徒刑，剥夺政治权利终身。

评析

辩护权是犯罪嫌疑人、被告人的一项基本权利。对于不委托辩护人的犯罪嫌疑人，委派法律援助机构为其提供辩护，是《刑事诉讼法》的重要原则。《法律援助法》的实施，有利于进一步强化人权司法保障，促进案件公正审判，促进司法公正得以体现。

第二十七条【委托辩护权的保障】人民法院、人民检察院、公安机关通知法律援助机构指派律师担任辩护人时，不得限制或者损害犯罪嫌疑人、被告人委托辩护人的权利。

第二十八条【强制医疗法律援助】强制医疗案件的被申请人或者被告人没有委托诉讼代理人的，人民法院应当通知法律援助机构指派律师为其提供法律援助。

第二十九条 【刑事公诉、自诉和附带民事诉讼案件的法律援助】 刑事公诉案件的被害人及其法定代理人或者近亲属，刑事自诉案件的自诉人及其法定代理人，刑事附带民事诉讼案件的原告人及其法定代理人，因经济困难没有委托诉讼代理人的，可以向法律援助机构申请法律援助。

第三十条 【值班律师法律帮助】 值班律师应当依法为没有辩护人的犯罪嫌疑人、被告人提供法律咨询、程序选择建议、申请变更强制措施、对案件处理提出意见等法律帮助。

案例6

吉林市某职业学校学生张某某与同学牛某某、马某某、王某某、薛某某等5名未成年人多次在校内超市盗窃。从2020年10月11日至2020年10月31日期间，共盗窃作案9次（张某某盗窃10次），涉案金额892.86元。该案移送审查起诉后，吉林市高新区人民检察院向吉林市丰满区法律援助中心发出通知辩护函。法律援助中心指派了5名熟悉未成年人身心特点且办案经验丰富的律师提供法律援助。

辩护律师在阅卷和会见后，与丰满区法律援助中心共同确定辩护思路：鉴于5人犯罪情节较轻，本着教育挽救的原则，建议检察院作出不起诉决定。针对检察院提出的若5人在吉林市继续上学，有利于作出不起诉决定后的集中帮教，但部分学生家长不愿意让孩子继续在吉林市上学的情况，法律援助中心和辩护律师逐个沟通了解家长的想法与顾虑，释明法律规定，建议从孩子的一生长远考虑，权衡利弊，做出正确选择，经过逐个谈心谈话，最终所有家长表示同意让孩子留在吉林市继续求学。为争取被害人谅解，辩护律师指导5名未成年人的家长到孩子就读学校及被盗超市进行沟通和赔偿。最终，检察院在走访和社会背景调查中得到了有利于不起诉的意见。

2020年12月30日，吉林市高新区人民检察院召开本案听证会，决定对张某某等5人不起诉，并送达了不起诉决定书。

评析

本案在丰满区法律援助中心接案之初，检察机关本有提起公诉的考虑，经法律援助中心积极与检察机关沟通和与辩护律师交换意见，辩护律师对5名未成年嫌疑人及其家长进行了有效指导，并向检察机关充分表达辩护意见，最终达到了理想效果。

第三十一条【民事和行政法律援助的事项范围】下列事项的当事人，因经济困难没有委托代理人的，可以向法律援助机构申请法律援助：

（一）依法请求国家赔偿；

（二）请求给予社会保险待遇或者社会救助；

（三）请求发给抚恤金；

（四）请求给付赡养费、抚养费、扶养费；

（五）请求确认劳动关系或者支付劳动报酬；

（六）请求认定公民无民事行为能力或者限制民事行为能力；

（七）请求工伤事故、交通事故、食品药品安全事故、医疗事故人身损害赔偿；

（八）请求环境污染、生态破坏损害赔偿；

（九）法律、法规、规章规定的其他情形。

第三十二条 【不受经济困难条件限制的情形】有下列情形之一，当事人申请法律援助的，不受经济困难条件的限制：

（一）英雄烈士近亲属为维护英雄烈士的人格权益；

（二）因见义勇为行为主张相关民事权益；

（三）再审改判无罪请求国家赔偿；

（四）遭受虐待、遗弃或者家庭暴力的受害人主张相关权益；

（五）法律、法规、规章规定的其他情形。

知识点：扩大范围和形式，让更多公民享受法律援助

在法律援助的形式上，法律援助法新增"劳动争议调解与仲裁代理"，并增加"规章"作为法律援助形式的依据（第二十二条）。

在法律援助的范围上，法律援助法也作了扩大。（1）扩大了刑事法律援助范围，在应当通知指派律师辩护的范围中增加"申请法律援助的死刑复核案件被告人"（第二十五条第五项），将"盲聋哑人"扩大为"视力、听力、言语残疾人"（第

二十五条第二项）；将刑事附带民事诉讼案件的原告人及其法定代理人纳入可以申请法律援助范围（第二十九条）。(2)扩大了民事、行政法律援助范围，因经济困难可申请法律援助的事项中，增加"确认劳动关系""生态破坏损害赔偿"等（第三十一条）。(3)增加了申请法律援助不受经济困难条件限制的情形，规定"近亲属为维护英雄烈士的人格权益""见义勇为""再审改判无罪请求国家赔偿""遭受虐待、遗弃或者家庭暴力"等申请法律援助的，不受经济困难条件的限制（第三十二条）。

第三十三条 【申诉、再审案件法律援助】当事人不服司法机关生效裁判或者决定提出申诉或者申请再审，人民法院决定、裁定再审或者人民检察院提出抗诉，因经济困难没有委托辩护人或者诉讼代理人的，本人及其近亲属可以向法律援助机构申请法律援助。

第三十四条 【经济困难的标准】经济困难的标准，由省、自治区、直辖市人民政府根据本行政区域经济发展状况和法律援助工作需要确定，并实行动态调整。

第四章　程序和实施

第三十五条 【法律援助权利的及时告知义务】人民法院、人民检察院、公安机关和有关部门在办理案件或者相关事务中，应当及时告知有关当事人有权依法申请法律援助。

第三十六条 【刑事案件法律援助的指派程序】人民法院、人民检察院、公安机关办理刑事案件，发现有本法第二十五条第一款、第二十八条规定情形的，应当在三日内通知法律援助机构指派律师。法律援助机构收到通知后，应当在三日内指派律师并通知人民法院、人民检察院、公安机关。

第三十七条 【值班律师的法律保障】人民法院、人民检察院、公安机关应当保障值班律师依法提供法律帮助，告知没有辩护人的犯罪嫌疑人、被告人有权约见值班律师，并依法为值班律师了解案件有关情况、阅卷、会见等提供便利。

第三十八条 【法律援助的管辖】对诉讼事项的法律援助，由申请人向办案机关所在地的法律援助机构提出申请；对非诉讼事项的法律援助，由申请人向争议处理机关所在地或者事由发生地的法律援助机构提出申请。

第三十九条 【转交法律援助申请的程序】被羁押的犯罪嫌疑人、被告人、服刑人员，以及强制隔离戒毒人员等提出法律援助申请的，办案机关、监管场所应当在二十四小时内将申请转交法律援助机构。

犯罪嫌疑人、被告人通过值班律师提出代理、刑事辩护等法律援助申请的，值班律师应当在二十四小时内将申请转交法律援助机构。

第四十条 【代为提出法律援助申请】无民事行为能力人或者限制民事行为能力人需要法律援助的，可以由其法定代理人代为提出申请。法定代理人侵犯无民事行为能力人、限制民事行为能力人合法权益的，其他法定代理人或者近亲属可以代为提出法律援助申请。

被羁押的犯罪嫌疑人、被告人、服刑人员，以及强制隔离戒毒人员，可以由其法定代理人或者近亲属代为提出法律援助申请。

第四十一条 【经济困难状况的说明及核查】因经济困难申请法律援助的，申请人应当如实说明经济困难状况。

法律援助机构核查申请人的经济困难状况，可以通过信息共享查询，或者由申请人进行个人诚信承诺。

法律援助机构开展核查工作，有关部门、单位、村民委员会、居民委员会和个人应当予以配合。

第四十二条 【免予核查经济困难状况的人员】法律援助申请人有材料证明属于下列人员之一的，免予核查经济困难状况：

（一）无固定生活来源的未成年人、老年人、残疾人等特定群体；

（二）社会救助、司法救助或者优抚对象；

（三）申请支付劳动报酬或者请求工伤事故人身损害赔偿的进城务工人员；

（四）法律、法规、规章规定的其他人员。

第四十三条 【对法律援助申请的审查】法律援助机构应当自收到法律援助申请之日起七日内进行审查,作出是否给予法律援助的决定。决定给予法律援助的,应当自作出决定之日起三日内指派法律援助人员为受援人提供法律援助;决定不给予法律援助的,应当书面告知申请人,并说明理由。

申请人提交的申请材料不齐全的,法律援助机构应当一次性告知申请人需要补充的材料或者要求申请人作出说明。申请人未按要求补充材料或者作出说明的,视为撤回申请。

第四十四条 【先行提供法律援助的情形】法律援助机构收到法律援助申请后,发现有下列情形之一的,可以决定先行提供法律援助:

(一)距法定时效或者期限届满不足七日,需要及时提起诉讼或者申请仲裁、行政复议;

(二)需要立即申请财产保全、证据保全或者先予执行;

(三)法律、法规、规章规定的其他情形。

法律援助机构先行提供法律援助的,受援人应当及时补办有关手续,补充有关材料。

第四十五条 【对特定群体的便捷服务】法律援助机构为老年人、残疾人提供法律援助服务的,应当根据实际情况提供无障碍设施设备和服务。

法律法规对向特定群体提供法律援助有其他特别规定的,依照其规定。

知识点：为部分需帮助人群的法律援助提供合理便利

法律援助申请人有材料证明属于无固定生活来源的未成年人、老年人、残疾人等特定群体，社会救助、司法救助或者优抚对象，申请支付劳动报酬或者请求工伤事故人身损害赔偿的进城务工人员，以及法律、法规、规章规定的其他人员，免予核查经济困难状况（第四十二条）。法律援助机构为老年人、残疾人提供法律援助服务的，应根据实际情况提供无障碍设施设备和服务（第四十五条）。

案例 7

梁某 1 和梁某 2 系父子，梁某 1 与梁某 2 的母亲张某离婚后，法院判决梁某 1 对尚在读初中的梁某 2 负担抚养费用。梁某 1 关于抚养费问题不服一审判决，提起上诉。梁某 1 称自己的经济状况变差，无力承担抚养费用，希望法庭依据双方负担能力依法酌情予以调整抚养费。梁某 2 的法定代理人张某向海口市龙华区法律援助中心提出请求，法律援助律师出庭为其辩护，维护了梁某 2 取得抚养费的合法权利。

法律援助律师细心收集证据，整理案件事实，答辩称梁某 1 和张某在《离婚协议书》中约定，梁某 1 每月支付梁某 2 抚养费 2600 元直到梁某 2 大学毕业为止，该内容是双方真实意思表示，合法有效，梁某 1 应当按照约定全面诚信履行义务。并且依照《最高人民法院关于适用〈中华人民共和国民法典〉婚姻家庭编的解释（一）》，梁某 1 负担的抚养费数额未超过梁某 1

月收入20%至30%的法定范围，调低抚养费的要求于法无据。

二审法院综合考虑梁某1的收入情况，认定其有能力每月向梁某2支付符合法定范围的2600元的抚养费，梁某1要求降低抚养费支付标准的上诉请求缺乏事实依据，不予支持。本案属于抚养费纠纷，《民法典》第一千零八十四条、第一千零八十五条规定，父母与子女间的关系，不因父母离婚而消除。父母仍应负担合理的抚养费用。

评析

离婚后，父母对于子女仍有抚养、教育、保护的权利和义务。离婚后，子女由一方直接抚养的，另一方应负担部分或者全部抚养费，负担费用的多少和期限的长短，由双方协议；协议不成的，由人民法院判决。子女抚养费的数额，可以根据子女的实际需要、父母双方的负担能力和当地的实际生活水平确定。有承担能力却拒绝承担或承担数额低于法定范围的，将对另一方的利益造成严重损害。向处于弱势的妇女和未成年人提供保护是法律援助的应有之义。

第四十六条 【法律援助人员提供援助及通报的义务】 法律援助人员接受指派后，无正当理由不得拒绝、拖延或者终止提供法律援助服务。

法律援助人员应当按照规定向受援人通报法律援助事项办理情况，不得损害受援人合法权益。

第四十七条 【受援人的如实陈述及其配合义务】 受援人应当

向法律援助人员如实陈述与法律援助事项有关的情况，及时提供证据材料，协助、配合办理法律援助事项。

第四十八条 【终止法律援助的情形】有下列情形之一的，法律援助机构应当作出终止法律援助的决定：

（一）受援人以欺骗或者其他不正当手段获得法律援助；

（二）受援人故意隐瞒与案件有关的重要事实或者提供虚假证据；

（三）受援人利用法律援助从事违法活动；

（四）受援人的经济状况发生变化，不再符合法律援助条件；

（五）案件终止审理或者已经被撤销；

（六）受援人自行委托律师或者其他代理人；

（七）受援人有正当理由要求终止法律援助；

（八）法律法规规定的其他情形。

法律援助人员发现有前款规定情形的，应当及时向法律援助机构报告。

第四十九条 【异议的提出、处理与救济】申请人、受援人对法律援助机构不予法律援助、终止法律援助的决定有异议的，可以向设立该法律援助机构的司法行政部门提出。

司法行政部门应当自收到异议之日起五日内进行审查，作出维持法律援助机构决定或者责令法律援助机构改正的决定。

申请人、受援人对司法行政部门维持法律援助机构决定不服的，可以依法申请行政复议或者提起行政诉讼。

第五十条 【法律援助人员报告与提交材料】法律援助事项办理结束后,法律援助人员应当及时向法律援助机构报告,提交有关法律文书的副本或者复印件、办理情况报告等材料。

第五章　保障和监督

第五十一条 【法律援助信息共享和工作协同】国家加强法律援助信息化建设,促进司法行政部门与司法机关及其他有关部门实现信息共享和工作协同。

第五十二条 【法律援助补贴】法律援助机构应当依照有关规定及时向法律援助人员支付法律援助补贴。

法律援助补贴的标准,由省、自治区、直辖市人民政府司法行政部门会同同级财政部门,根据当地经济发展水平和法律援助的服务类型、承办成本、基本劳务费用等确定,并实行动态调整。

法律援助补贴免征增值税和个人所得税。

第五十三条 【对受援人和法律援助人员减免费用】人民法院应当根据情况对受援人缓收、减收或者免收诉讼费用;对法律援助人员复制相关材料等费用予以免收或者减收。

公证机构、司法鉴定机构应当对受援人减收或者免收公证费、鉴定费。

第五十四条 【法律援助人员培训】县级以上人民政府司法行政部门应当有计划地对法律援助人员进行培训,提高法律援助人员的专业素质和服务能力。

第五十五条 【受援人知情权、投诉权和请求变更权】受援人有权向法律援助机构、法律援助人员了解法律援助事项办理情况；法律援助机构、法律援助人员未依法履行职责的，受援人可以向司法行政部门投诉，并可以请求法律援助机构更换法律援助人员。

第五十六条 【法律援助工作投诉查处和结果告知】司法行政部门应当建立法律援助工作投诉查处制度；接到投诉后，应当依照有关规定受理和调查处理，并及时向投诉人告知处理结果。

第五十七条 【法律援助服务的监督、服务质量标准和质量考核】司法行政部门应当加强对法律援助服务的监督，制定法律援助服务质量标准，通过第三方评估等方式定期进行质量考核。

第五十八条 【法律援助信息公开制度】司法行政部门、法律援助机构应当建立法律援助信息公开制度，定期向社会公布法律援助资金使用、案件办理、质量考核结果等情况，接受社会监督。

第五十九条 【法律援助服务质量监督措施】法律援助机构应当综合运用庭审旁听、案卷检查、征询司法机关意见和回访受援人等措施，督促法律援助人员提升服务质量。

第六十条 【律师事务所、律师履行法律援助义务情况年度考核】律师协会应当将律师事务所、律师履行法律援助义务的情况纳入年度考核内容，对拒不履行或者怠于履行法律援助义务的律师事务所、律师，依照有关规定进行惩戒。

知识点：加强对法律援助的监督

法律援助法进一步强化了对法律援助服务质量的监督，明确司法行政部门应当建立法律援助工作投诉查处制度（第五十六条）；制定法律援助服务质量标准，通过第三方评估等方式定期进行质量考核（第五十七条）；司法行政部门、法律援助机构应当建立法律援助信息公开制度，定期向社会公布法律援助资金使用、案件办理、质量考核结果等情况（第五十八条）；律师协会应当将律师事务所、律师履行法律援助义务的情况纳入年度考核内容（第六十条）等。

第六章 法律责任

第六十一条【法律援助机构及其工作人员的法律责任】法律援助机构及其工作人员有下列情形之一的，由设立该法律援助机构的司法行政部门责令限期改正；有违法所得的，责令退还或者没收违法所得；对直接负责的主管人员和其他直接责任人员，依法给予处分：

（一）拒绝为符合法律援助条件的人员提供法律援助，或者故意为不符合法律援助条件的人员提供法律援助；

（二）指派不符合本法规定的人员提供法律援助；

（三）收取受援人财物；

（四）从事有偿法律服务；

（五）侵占、私分、挪用法律援助经费；

（六）泄露法律援助过程中知悉的国家秘密、商业秘密和个人隐私；

（七）法律法规规定的其他情形。

第六十二条 【律师事务所、基层法律服务所的法律责任】律师事务所、基层法律服务所有下列情形之一的，由司法行政部门依法给予处罚：

（一）无正当理由拒绝接受法律援助机构指派；

（二）接受指派后，不及时安排本所律师、基层法律服务工作者办理法律援助事项或者拒绝为本所律师、基层法律服务工作者办理法律援助事项提供支持和保障；

（三）纵容或者放任本所律师、基层法律服务工作者怠于履行法律援助义务或者擅自终止提供法律援助；

（四）法律法规规定的其他情形。

第六十三条 【律师、基层法律服务工作者的法律责任】律师、基层法律服务工作者有下列情形之一的，由司法行政部门依法给予处罚：

（一）无正当理由拒绝履行法律援助义务或者怠于履行法律援助义务；

（二）擅自终止提供法律援助；

（三）收取受援人财物；

（四）泄露法律援助过程中知悉的国家秘密、商业秘密和个人隐私；

（五）法律法规规定的其他情形。

第六十四条 【受援人的法律责任】受援人以欺骗或者其他不正当手段获得法律援助的，由司法行政部门责令其支付已实施法律援助的费用，并处三千元以下罚款。

第六十五条 【冒用法律援助名义并谋利的法律责任】违反本法规定，冒用法律援助名义提供法律服务并谋取利益的，由司法行政部门责令改正，没收违法所得，并处违法所得一倍以上三倍以下罚款。

> **知识点：严格依法进行法律援助**
>
> 法律援助机构及其工作人员、律师、基层法律服务工作者必须严格依法提供法律服务，都不得收取受援人财物（第六十一条、第六十三条），且不得泄露法律援助过程中知悉的国家秘密、商业秘密和个人隐私等（第六十一条、第六十三条）。此外，也禁止受援人以欺骗或者其他不正当手段获得法律援助（第六十四条），禁止任何人冒用法律援助名义提供法律服务并谋取利益（第六十五条）。

第六十六条 【国家机关及其工作人员渎职的处分】国家机关及其工作人员在法律援助工作中滥用职权、玩忽职守、徇私舞弊的，对直接负责的主管人员和其他直接责任人员，依法给予处分。

第六十七条 【刑事责任】违反本法规定，构成犯罪的，依法追究刑事责任。

第七章 附 则

第六十八条 【群团组织开展法律援助的法律适用】工会、共产主义青年团、妇女联合会、残疾人联合会等群团组织开展法律援助工作，参照适用本法的相关规定。

第六十九条 【对外国人和无国籍人法律援助的法律适用】对外国人和无国籍人提供法律援助，我国法律有规定的，适用法律规定；我国法律没有规定的，可以根据我国缔结或者参加的国际条约，或者按照互惠原则，参照适用本法的相关规定。

第七十条 【对军人军属法律援助的具体办法】对军人军属提供法律援助的具体办法，由国务院和中央军事委员会有关部门制定。

第七十一条 【施行日期】本法自2022年1月1日起施行。

大字醒目·双色标注
案例指引·知识点题

中国法制出版社
官方微信

上架建议 法律援助法

ISBN 978-7-5216-2404-5

定价：10.00元